Sanctum Rosar

Pongámonos en presencia de Dios .... - 1 -
Invocación al Espíritu Santo .... - 1 -
Oremos .... - 2 -
Acto de contrición .... - 3 -
Ofrecimiento del Santo Rosario .... - 4 -
Credo de los Apóstoles .... - 5 -
¿Cómo rezar? .... - 7 -
Padre Nuestro .... - 7 -
Ave María .... - 8 -
Gloria .... - 9 -
Jaculatorias .... - 10 -
Misterios Gozosos .... - 11 -
Misterios Dolorosos .... - 13 -
Misterios Gloriosos .... - 16 -
Misterios Luminosos .... - 18 -
Letanías Lauretanas .... - 24 -
Oraciones Finales .... - 30 -

Pongámonos en presencia de Dios

Per signum (†) Sancte Crucis, de inimicis (†) nostris libera nos, Domine (†) Deus noster.
In nomine Patris (†), et Filii, et Spiritus Sancti. Amen.

Por la señal (†) de la Santa Cruz, de nuestros (†) enemigos líbranos, Señor (†) Dios nuestro.
En el nombre del Padre (†), y del Hijo, y del Espíritu Santo. Amén.

Invocación al Espíritu Santo

Veni, Sancte Spíritus!, reple tuórum corda fidélium: et tui amóris in eis ignem accénde.

¡Ven, Santo Espíritu!, llena los corazones de tus fieles: y enciende en ellos el fuego de tu amor.

V. Emitte Spíritum tuum, et creabúntur.

V. Envía tu Espíritu, y todo será creado.

R. Et renovábis faciem terræ.

R. Y renovarás la faz de la tierra.

Deus, qui corda fidélium Sancti Spíritus illustratióne docuísti, da nobis in eódem Spíritu recta sápere; et de eius semper consolatióne gaudére. Per Christum Dóminum nostrum. Amen.

Oh Dios, que habéis instruido los corazones de los fieles con la luz del Espíritu Santo, concedednos según el mismo Espíritu conocer las cosas rectas y gozar siempre de sus divinos consuelos. Por Cristo nuestro Señor. Amén.

Oremos

V. Domine, labia mea aperies.

V. Señor, abrid mis labios.

R. Et os meum annuntiabit laudem tuam.

R. Y mi boca proclamará tu alabanza.

V. Deus, in adiutórium meum intende.

V. Dios mío, ven en mi auxilio.

R. Dómine, ad adiuvándum me festina.

R. Señor, date prisa en socorrerme.

V. Gloria Patri, et Filio, et Spiritui Sancto.

V. Gloria al Padre, y al Hijo, y al Espíritu Santo.

R. Sicut erat in princípio et nunc et semper, et in sæcula sæculorum. Amen.

R. Como era en el principio, ahora y siempre, por los siglos de los siglos. Amén.

V. Dignare me laudare Te, Virgo Sacrata.

V. Hazme digno de alabarte, oh Virgen Sagrada.

R. Da mihi virtutem contra hostes tuos.

R. Dame fuerzas contra tus enemigos.

Acto de contrición

O mi Dómine Iesu, verus Deus et Homo verus, Creátor, Pater et Redémptor meus, in qui credo et spero, et quem super ómnia díligo: Me poénitet ex toto corde

Señor mío Jesucristo, Dios y hombre verdadero, Creador, Padre y Redentor mío, en quien creo y espero, y a quien amo por sobre todas las cosas: Me arrepiento de todo corazón

propter peccáta mea, quia Tu Deus bonus es, ac me poenis inférni puníre potes et Tua gratia adiuvánte emendatiónem in futúris pollíceor. Amen.

por mis pecados, porque eres un Dios tan bueno, y puedo merecer las penas del infierno, espero que tu gracia me ayude a reparar mis faltas y no cometerlas en adelante. Amén.

Ofrecimiento del Santo Rosario

Domine Deus noster, dirige et educ omnes nostras cogitationes, verba, affectus, opera et desideria ad maiorem Tuum honorem et gloriam.
Et Te, Virgo beatissima, a Filio Tuo largire ut attente ac devote hanc coronam Sanctissimi Tui Rosarii recitemus,

Señor Dios nuestro, dirigid y guiad todos nuestros pensamientos, palabras, afecto, obras y deseos a mayor honra y gloria Vuestra.
Y Vos, Virgen Santísima, alcanzadnos de vuestro Hijo, que con toda atención y devoción podamos rezar vuestro santísimo Rosario,

quam pro Sanctae Matris Ecclesiae atque nostris necessitatibus tam spiritualibus quam temporalibus offerimus, necnon et pro bono vivorum et suffragio defunctorum gratulationis Tuae ac maioris nostrae obligationis.

el cual os ofrecemos por la Santa Madre Iglesia, por nuestras necesidades espirituales y temporales, así como por el bien de vivos y sufragio de difuntos, que sean de Vuestro agrado, y de nuestra mayor obligación.

Os ofrecemos en especial por... **intención particular.**

Credo de los Apóstoles

Credo in Deum, Patrem omnipoténtem, Creatórem cæli et terræ.
Et in Iesum Christum, Fílium eius únicum, Dóminum nostrum: qui concéptus est de Spíritu Sancto, natus ex María Vírgine,

Creo en Dios, Padre Todopoderoso,
Creador del cielo y de la tierra.
Creo en Jesucristo, su único Hijo, Nuestro Señor: que fue concebido por obra y gracia del Espíritu Santo, nació de Santa María Virgen,

passus sub Póntio Piláto, crucifíxus, mórtuus, et sepúltus, descéndit ad ínferos; tértia die resurréxit a mórtuis; ascéndit ad cælos; sedet ad déxteram Dei Patris omnipoténtis: inde ventúrus est iudicáre vivos et mórtuos.	padeció bajo el poder de Poncio Pilato fue crucificado, muerto y sepultado, descendió a los infiernos; al tercer día resucitó de entre los muertos, subió a los cielos y está sentado a la derecha de Dios Padre todopoderoso: desde allí ha de venir a juzgar a vivos y muertos.
Credo in Spíritum Sanctum, Sanctam Ecclésiam Cathólicam, Sanctórum communiónem, remissiónem peccatórum, carnis resurrectiónem, vitam ætérnam. Amen.	Creo en el Espíritu Santo, la Santa Iglesia Católica, la comunión de los Santos, el perdón de los pecados, la resurrección de la carne y la vida eterna. Amén.

¿Cómo rezar?

*Reza un **Padre Nuestro**, tres **Ave María** y un **Gloria**.*

*Anuncia el primer Misterio, haz una pausa para meditarlo, y reza un **Padre Nuestro**, diez **Ave María**, un **Gloria**, y las **Jaculatorias**.*

Se anuncia un nuevo Misterio, con sus respectivas oraciones.

Padre Nuestro

Pater Noster, qui es in cælis, sanctificétur nomen Tuum, advéniat Regnum Tuum, fiat volúntas tua, sicut in cælo et in terra.

Padre nuestro, que estás en los cielos, santificado sea tu nombre; venga a nosotros tu reino; hágase tu voluntad, así en la tierra como en el cielo.

R. Panem nostrum quotidiánum da nobis hódie, et dimitte nobis débita nostra, sicut et nos dimíttimus debitóribus nostris; et ne nos indúcas in tentationem, sed libera nos a malo. Amen.

R. Danos hoy el pan nuestro de cada día; perdona nuestras ofensas, así como nosotros perdonamos a quien nos ofende, y no nos dejes caer en la tentación, mas líbranos del mal. Amén.

Ave María

Ave Maria, gratia plena, Dominus tecum, benedicta tu in muliéribus, et benedictus fructus ventris tui Iesus.

Dios te Salve María, llena eres gracia, el Señor es contigo, bendita eres entre todas las mujeres, y bendito el fruto de tu vientre Jesús.

R. Sancta Maria, Mater Dei, ora pro nobis peccatoribus, nunc et in hora mortis nostræ. Amen.

R. Santa María, Madre de Dios, ruega por nosotros los pecadores, ahora y en la hora de nuestra muerte. Amén.

Gloria

V. Gloria Patri, et Filio, et Spiritui Sancto.

V. Gloria al Padre, y al Hijo, y al Espíritu Santo.

R. Sicut erat in princípio et nunc et semper, et in sæcula sæculorum. Amen.

R. Como era en un principio, ahora y siempre por los siglos de los siglos. Amén.

*El Viernes Santo, en lugar del **Gloria**, se puede rezar:*

V. Christus factus est pro nobis obœdiens usque ad mortem.

V. Cristo por nosotros se hizo obediente hasta la muerte.

R. Mortem autem crucis.

R. Y muerte de cruz.

Y el Sábado Santo:

V. Christus factus est pro nobis obœdiens usque ad mortem, mortem autem crucis.

V. Cristo por nosotros se hizo obediente hasta la muerte, y muerte de cruz.

R. Propter quod et Deus exaltávit íllum: et dedit ílli nomen, quod est super omne nomen.

R. Por lo cual Dios lo exaltó: y le otorgó el nombre que está sobre todo nombre.

Jaculatorias

V. Maria Mater gratiæ, Mater misericordiæ.

V. María Madre de gracia, Madre de misericordia.

R. Tu nos ab hoste protege et hora mortis suscipe.

R. Defiéndenos del enemigo y recíbenos a la hora de nuestra muerte.

O mi Iesu, dimitte nobis débita nostra, salvanos ab igne infernis, perduc in cælum omnes ánimas præsértim eas quæ misericórdiæ tuæ máxime índigent. Amen.

Oh Jesús mío, perdona nuestros pecados, líbranos del fuego del infierno, lleva al cielo a todas las almas, especialmente a las más necesitadas de tu divina misericordia. Amén.

Presentación de Cristo en el Templo
Philippe de Champaigne (1602-1674)

Mysteria Gaudiosa

(in feria secunda et in sabbato)

Misterios Gozosos

(Lunes y sábado)

Primum Mysterium: Beatæ Mariæ Virginis anuntiatiónem contemplámur, et humílitas pétitur.

Primer Misterio: Se contempla la Anunciación de la Santísima Virgen María y se pide la humildad.

Secundum Mysterium: Beatæ Mariæ Virginis visitatiónem contemplámur, et charitas ad fratres pétitur.

Tertium Mysterium: Domini Nostri Iesu Christi nativitátem contemplámur, et paupertátis spíritus pétitur.

Quartum Mysterium: Domini Nostri Iesu Christi presentatiónem in templo contemplámur, et obediéntia pétitur.

Quintum Mysterium: Domini Nostri Iesu Christi inventiónem in templo contemplámur, et Deum inquæréndi volúntas pétitur.

Segundo Misterio: Se contempla la Visitación de la Santísima Virgen María a su prima Santa Isabel y se pide el amor al prójimo.

Tercer Misterio: Se contempla la Natividad de Nuestro Señor Jesucristo y se pide el amor a la pobreza.

Cuarto Misterio: Se contempla la Presentación de Nuestro Señor Jesucristo en el templo y se pide la obediencia.

Quinto Misterio: Se contempla el hallazgo de Nuestro Señor Jesucristo en el templo y se pide el deseo de buscar a Dios.

Tríptico de la Crucifixión
Rogier van der Weyden (1399-1464)

Mysteria Dolorosa

(in feria tertia et in feria sexta)

Misterios Dolorosos

(Martes y viernes)

Primum Mysterium: Domini Nostri Iesu Christi oratiónem in horto contemplámur, et dólor pro peccatis nostris pétitur.

Primer Misterio: Se contempla la oración y la agonía de Nuestro Señor Jesucristo en el huerto y se pide la contrición de nuestros pecados

Secundum Mysterium: Domini Nostri Iesu Christi flagellatiónem contemplámur, et córporum nostrórum mortificátio pétitur.

Tertium Mysterium: Domini Nostri Iesu Christi spinis coronationem contemplámur, et supérbiæ mortificatio pétitur.

Quartum Mysterium: Domini Nostri Iesu Christi crucis baiulatiónem contemplámur, et patiéntia in tribulatiónibus pétitur.

Segundo Misterio: Se contempla la flagelación de Nuestro Señor Jesucristo y se pide la mortificación de nuestros sentidos

Tercer Misterio: Se contempla la Coronación de espinas de Nuestro Señor Jesucristo y se pide la mortificación de nuestra soberbia.

Cuarto Misterio: Se contempla a Nuestro Señor Jesucristo con la Cruz a cuestas y se pide la paciencia en las tribulaciones.

Quintum Mysterium: Domini Nostri Iesu Christi crucifixiónem et mortem contemplámur, et súi ipsíus donum ad animárum redemptiónem pétitur.

Quinto Misterio: Se contempla la Crucifixión y muerte de Nuestro Señor Jesucristo y se pide el amor de Dios y la redención de las almas.

Pentecostés
Fray Juan Bautista Maíno (1581-1649)

Mysteria Gloriosa

(in die Dominico et in feria quarta)

Primum Mysterium: Domini Nostri Iesu Christi resurrectiónem contemplamur, et fídes pétitur.

Misterios Gloriosos

(Domingo y miércoles)

Primer Misterio: Se contempla la Resurrección de Nuestro Señor Jesucristo y se pide la fe.

Secundum Mysterium: Domini Nostri Iesu Christi in cælum ascensiónem contemplamur, et spes pétitur.

Segundo Misterio: Se contempla la Ascensión de Nuestro Señor Jesucristo y se pide la esperanza y el deseo del cielo.

Tertium Mysterium: Spiritus Sancti descensiónem contemplamur, et cháritas ad Deum pétitur.

Tercer Misterio: Se contempla la venida del Espíritu Santo sobre los Apóstoles y se pide la caridad.

Quartum Mysterium: Beatæ Mariæ Virginis in cælum assumptiónem contemplamur, et bene moriéndi gratia pétitur.

Cuarto Misterio: Se contempla la Asunción de la Santísima Virgen María y se pide la gracia de la buena muerte.

Quintum Mysterium: Beatæ Mariæ Virginis coronatiónem contemplamur, et fidúcia in María Regína Nostra pétitur.

Quinto Misterio: Se contempla la Coronación de la Santísima Virgen María como Reina Nuestra y se pide la confianza en María.

Las bodas de Caná
Bartolome Esteban Murillo (1617-1682)

Mysteria Luminosa   *Misterios Luminosos*

(in feria quinta)   *(Jueves)*

Primum mysterium: Domini Nostri Iesu Christi in Iordáne baptizátur.

Primer Misterio: Nuestro Señor Jesucristo es bautizado en el Jordán.

Secundum mysterium: Domini Nostri Iesu Christi apud Canénse Matrimónium se autorevélat.

Segundo Misterio: Nuestro Señor Jesucristo se revela en las Bodas de Caná.

Tertium mysterium: Domini Nostri Iesu Christi regnum Dei proclámat et ad conversiónem invítat.

Tercer Misterio: Nuestro Señor Jesucristo anuncia el Reino de Dios e invita a la conversión.

Quartum mysterium: Domini Nostri Iesu Christi in monte Thabor transfigurátur.

Cuarto Misterio: Nuestro Señor Jesucristo se transfigura en el monte Tabor.

Quintum mysterium: Domini Nostri Iesu Christi Eucharístiam instítuit

Quinto Misterio: Nuestro Señor Jesucristo instituye la Eucaristía.

*Una vez concluidos los misterios, se reza un **Padre Nuestro** y a continuación las siguientes oraciones:*

Ave Maria Sanctíssima, Dei Patris Filia, Virgo purissima ante partum, in manus tuas commendo fidem meam illuminandam.

Gratia plena, Dominus tecum, benedicta tu in muliéribus, et benedictus fructus ventris tui Iesus.

R. Sancta Maria, Mater Dei, ora pro nobis peccatoribus, nunc et in hora mortis nostræ. Amen.

Dios te Salve, María Santísima, hija de Dios Padre, Virgen purísima antes del parto, en tus manos ponemos nuestra fe para que la ilumines. Llena eres de gracia, el Señor es contigo, bendita eres entre todas las mujeres, y bendito el fruto de tu vientre Jesús.

R. Santa María, Madre de Dios, ruega por nosotros los pecadores, ahora y en la hora de nuestra muerte. Amén.

Ave Maria Sanctíssima, Dei Filii Mater, Virgo purissima in partum, in manus tuas commendo spem meam erigendam. Gratia plena, Dominus tecum, benedicta tu in muliéribus, et benedictus fructus ventris tui Iesus.

R. Sancta Maria, Mater Dei, ora pro nobis peccatoribus, nunc et in hora mortis nostræ. Amen.

Dios te Salve, María Santísima, Madre de Dios Hijo, Virgen purísima en el parto, en tus manos ponemos nuestra esperanza para que la alientes. Llena eres de gracia, el Señor es contigo, bendita eres entre todas las mujeres, y bendito el fruto de tu vientre Jesús.

R. Santa María, Madre de Dios, ruega por nosotros los pecadores, ahora y en la hora de nuestra muerte. Amén.

Ave Maria Sanctíssima, Dei Spiritus Sancti Sponsa, Virgo purissima post partum, in manus tuas commendo caritate meam inflamandam. Gratia plena, Dominus tecum, benedicta tu in muliéribus, et benedictus fructus ventris tui Iesus.

R. Sancta Maria, Mater Dei, ora pro nobis peccatoribus, nunc et in hora mortis nostræ. Amen.

Dios te Salve, María Santísima, esposa de Dios Espíritu Santo, Virgen purísima después del parto, en tus manos ponemos nuestra caridad para que la inflames. Llena eres de gracia, el Señor es contigo, bendita eres entre todas las mujeres, y bendito el fruto de tu vientre Jesús.

R. Santa María, Madre de Dios, ruega por nosotros los pecadores, ahora y en la hora de nuestra muerte. Amén.

Ave Maria Sanctíssima, Templum et Sacrarium Sanctissimæ et Augustissimæ Trinitatis, Virgo purissima sine labe originali concepta.

R. Sálve, Regína, Máter misericórdiæ, vita, dulcédo, et spes nóstra, sálve. Ad te clamámus, éxsules fílii Hevæ. Ad te suspirámus, geméntes et fléntes, in hac lacrimárum valle.

Eia, ergo, advocáta nóstra, illos túos misericórdes óculos ad nos convérte.

Dios te Salve, María Santísima, Templo y Sagrario de la Santísima y Augustísima Trinidad, Virgen purísima concebida sin la culpa original.

R. Dios te salve, Reina, Madre de misericordia, vida, dulzura y esperanza nuestra; Dios te salve. A ti clamamos los desterrados hijos de Eva. A ti suspiramos, gimiendo y llorando en este valle de lágrimas. Ea, pues Señora abogada nuestra, vuelve a nosotros esos tus ojos misericordiosos.

Et Iésum, benedíctum frúctum véntris tui, nobis post hoc exilium osténde. O clémens, O pía, O dúlcis Vírgo María.	Y después de este destierro, muéstranos a Jesús, fruto bendito de tu vientre. ¡Oh Clemente!, ¡Oh Piadosa!, ¡Oh dulce Virgen María!
V. Ora pro nobis, Sancta Dei Genetrix.	V. Ruega por nosotros, Santa Madre de Dios.
R. Ut digni efficiamur promissionibus Christi. Amen	R. Para que seamos dignos de alcanzar las promesas y gracias de nuestro Señor Jesucristo. Amén.

Letanías Lauretanas

V. Kyrie, eleison.	V. Señor, ten piedad de nosotros.
R. Kyrie, eleison.	R. Señor, ten piedad de nosotros.
V. Christe, eleison.	V. Cristo, ten piedad de nosotros.
R. Christe, eleison.	R. Cristo, ten piedad de nosotros.

V. Kyrie, eleison.

R. Kyrie, eleison.

V. Christe, audi nos.
R. Christe, audi nos.
V. Christe, exaudi nos.
R. Christe, exaudi nos.

V. Pater de cælis Deus.
R. Miserere nobis.

V. Fili Redemptor mundi Deus.
R. Miserere nobis.

V. Spiritus Sancte Deus.
R. Miserere nobis.

V. Sancta Trinitas, unus Deus.
R. Miserere nobis.

V. Señor, ten piedad de nosotros.

R. Señor, ten piedad de nosotros.

V. Cristo, óyenos.
R. Cristo, óyenos.
V. Cristo, escúchanos.
R. Cristo, escúchanos.

V. Dios Padre Celestial.
R. Ten piedad de nosotros.

V. Dios Hijo Redentor del mundo.
R. Ten piedad de nosotros.

V. Dios Espíritu Santo.
R. Ten piedad de nosotros

V. Santísima Trinidad, un solo Dios.
R. Ten piedad de nosotros.

Sancta María,	Santa María,
ora pro nobis...	*ruega por nosotros...*
Sancta Dei Génetrix	Santa Madre de Dios
Sancta Virgo vírginum	Santa Virgen de las vírgenes
Mater Christi	Madre de Cristo
Mater Ecclesiae	Madre de la Iglesia
Mater Misericordiæ	Madre de Misericordia
Mater divínæ grátiæ	Madre de la divina gracia
Mater Spei	Madre de la Esperanza
Mater puríssima	Madre purísima
Mater castíssima	Madre castísima
Mater invioláta	Madre siempre virgen
Mater intemeráta	Madre sin corrupción
Mater Inmaculata	Madre Inmaculada
Mater amábilis	Madre amable
Mater admirábilis	Madre admirable
Mater Boni Consílii	Madre del Buen Consejo
Mater Creatóris	Madre del Creador
Mater Salvatóris	Madre del Salvador
Virgo prudentíssima	Virgen prudentísima
Virgo veneránda	Virgen digna de veneración
Virgo prædicánda	Virgen digna de alabanza

Virgo potens	Virgen poderosa
Virgo clemens	Virgen clemente
Virgo fidélis	Virgen fiel
Spéculum iustítiæ	Espejo de justicia
Sedes sapiéntiæ	Trono de sabiduría
Causa nostræ laetítiæ	Causa de nuestra alegría
Vas spirituále	Vaso espiritual
Vas honorábile	Vaso digno de honor
Vas insígne devotiónis	Vaso insigne de devoción
Rosa mystica	Rosa mística
Turris Davídica	Torre de David
Turris ebúrnea	Torre de marfil
Domus áurea	Casa de oro
Foéderis arca	Arca de la alianza
Iánua cæli	Puerta del cielo
Stella matutína	Estrella de la mañana
Salus infirmórum	Salud de los enfermos
Refúgium peccatórum	Refugio de los pecadores
Solacium migrantium	Consuelo de los migrantes
Consolátrix afflictórum	Consuelo de los afligidos
Auxílium Christianórum	Auxilio de los cristianos

Regína Angelórum	Reina de los Ángeles
Regína Patriarchárum	Reina de los Patriarcas
Regína Prophetárum	Reina de los Profetas
Regína Apostolórum	Reina de los Apóstoles
Regína Mártyrum	Reina de los Mártires
Regína Confessórum	Reina de los Confesores
Regína Vírginum	Reina de las vírgenes
Regína Sanctórum ómnium	Reina de todos los Santos
Regína sine labe originali concépta	Reina concebida sin pecado original
Regína in cælum assúmpta	Reina asunta al Cielo
Regína Sacratíssimi Rosárii	Reina del Santísimo Rosario
Regina familiæ	Reina de la familia
Regína pacis	Reina de la paz

V. Agnus Dei, qui tollis peccata mundi.

V. Cordero de Dios que quitas los pecados del mundo.

R. Parce nobis, Domine.

R. Perdónanos Señor.

V. Agnus Dei, qui tollis peccata mundi.

V. Cordero de Dios que quitas los pecados del mundo.

R. Exaudi nos, Domine.

V. Agnus Dei, qui tollis peccata mundi.

R. Miserere nobis.

Deus cuius Unigénitus per vitam, mortem et resurrectiónem suam nobis salútis ætérnæ præmia comparávit: concéde, quæsumus; ut, hæc mystéria sacratíssimo beátæ Maríæ Virginis Rosário recolentes, et imitémur quod cóntinent, et quod promíttunt, assequámur. Per eúmdem Christum Dóminum nostrum. Amen.

R. Escúchanos Señor.

V. Cordero de Dios que quitas los pecados del mundo.

R. Ten misericordia de nosotros.

Oh Dios, cuyo Hijo Unigénito por medio de su vida, muerte y resurrección, nos otorgó los premios de la vida eterna, os suplicamos nos concedáis, que venerando humildemente los misterios del Rosario de la Santísima Virgen María, imitemos lo que contienen y consigamos lo que prometen. Por Cristo Nuestro Señor. Amén.

Oraciones Finales

Concede nos, fámulos tuos quǽsumus Dómine Deus, perpetua mentis et córporis sanitáte gaudére, et gloriósa beatæ Maríæ semper Vírginis intercessione, a præsenti liberári tristitia, et æterna pérfrui lætitia. Per Christum Dóminum nostrum. Amen.

Te rogamos, Señor, que nos concedas a nosotros tus siervos, gozar de perpetua salud de alma y cuerpo, y por la gloriosa intercesión de la bienaventurada siempre Virgen María, seamos liberados de la tristeza presente y disfrutemos de la eterna alegría. Por Cristo nuestro Señor. Amén.

Sub tuum præsidium confugimus, Sancta Dei Genetrix: nostras deprecationes ne despicias in necesitatibus, sed a periculis cunctis libera nos semper, Virgo gloriosa et Benedicta.

Bajo tu amparo nos acogemos, Santa Madre de Dios, no desprecies las súplicas que te dirigimos en nuestras necesidades, antes bien, líbranos de todo peligro, Virgen gloriosa y bendita.

V. Ora pro nobis, Sancta Dei Genetrix.

V. Ruega por nosotros Santa Madre de Dios.

R. Ut digni efficiamur promissionibus Christi.

R. Para que seamos dignos de alcanzar las promesas de nuestro Señor Jesucristo.

Ad mentem Romani Pontificis precamur ut omnes indulgentias Sanctissimo Beatae Mariae Virginis Rosario concessas consequamur: **Pater Noster, Ave Maria, Gloria.**

Por las intenciones del Romano Pontífice y para conseguir las indulgencias concedidas al Santísimo Rosario de la Santísima Virgen María: *Un* **Padre Nuestro**, *un* **Ave María**, *y un* **Gloria**.

Oremus pro fidelibus defunctis

Oremos por los fieles difuntos

V. Réquiem æternam dona eis, Dómine.

V. Dales Señor, el descanso eterno.

R. Et lux perpetua luceat eis.

R. Y que brille para ellos la luz perpetua.

V. Requiescant in pace.

R. Amen.

V. Regina Sacratissimi Rosarii

R. Ora pro nobis.

V. Nos, cum prole pia.

R. Benedicat Virgo María.

V. O María sine labe concepta.

R. Ora pro nobis, qui confugimus ad Te.

V. Descansen en paz.

R. Amén.

V. Reina del Sacratísimo Rosario.

R. Ruega por nosotros.

V. Con su descendencia pía.

R. Nos bendiga la Virgen María.

V. Oh María sin pecado concebida.

R. Ruega por nosotros que recurrimos a Vos.

Memorare, O piissima Virgo María, non ese auditum a sæculo, quemquam ad tua currentem præsidia, tua implorantem auxilia, tua petentem suffragia, esse derelictum.

Acordaos, ¡oh piadosísima Virgen María!, que jamás se ha oído decir que ninguno de los que han acudido a vuestra protección, implorando vuestra asistencia y reclamando vuestro socorro, haya sido abandonado de vos.

Ego tali animatus confidentia, ad te, Virgo Virginum, Máter, curro, ad te venio, coram te gemens peccator assisto.

Animado por esta confianza, a Vos también acudo, ¡oh Madre, Virgen de las vírgenes!, y aunque gimiendo bajo el peso de mis pecados me atrevo a comparecer ante vuestra presencia soberana.

Noli, Mater Verbi, verba mea despicere; sed audi propitia et exaudi. Amen.

No desechéis ¡Oh Madre del Verbo! mis súplicas; antes bien, escuchadlas y acogedlas benignamente. Amén.

Sancte Míchael Archángele, defénde nos in prœlio: contra nequítiam et insídias diáboli esto præsídium.

San Miguel Arcángel, defiéndenos en la batalla; sé nuestro amparo contra la perversidad y asechanzas del demonio.

Impéret illi Deus, súpplices deprecámur; tuque, Princeps milítiæ cæléstis, Sátanam aliósque spíritus malígnos, qui ad perditiónem animárum pervagántur in mundo, divína virtúte in inférnum detrúde. Amen.

Reprímale Dios, pedimos suplicantes, y tú, Príncipe de la milicia celestial, arroja al infierno, con el divino poder, a Satanás y a los demás espíritus malignos que andan dispersos por el mundo para la perdición de las almas. Amén.

In nomine Patris (†), et Filii, et Spiritus Sancti. Amen.	En el nombre del Padre (†), y del Hijo, y del Espíritu Santo. Amén.